REMARQUES

SUR UN LIVRE

INTITULÉ,

OBSERVATIONS SUR L'ARCHITECTURE,

De M. l'Abbé LAUGIER.

Par M. G...... Architecte.

A PARIS,

Chez DE HANSY, le Jeune, Libraire, rue Saint-Jacques, près les Mathurins.

1768.

PRÉFACE.

CEs remarques étoient destinées à paroître beaucoup plutôt. Différens obstacles en ont retardé l'impression. J'ai même hésité longtemps à les publier, par la crainte de déplaire au grand nombre de personnes qui regardent comme de mauvais citoyens, ceux qui osent appercevoir les imperfections de leur Nation. J'ai cependant cru devoir céder aux conseils de quelques Artistes, qui considérant avec moi l'énorme quantité de bâtimens qui ont été construits depuis la restauration des Arts en France; la prodigieuse somme d'argent que ces bâtimens ont coûté, & le petit nombre de ceux qui méritent de fixer les yeux d'un Artiste, ne peuvent s'empêcher de gémir sur le peu de progrès que l'Architecture a fait en France, malgré les soins & les dépenses de plusieurs de nos Rois. Aucune Nation n'a tant écrit sur l'Architecture que la nôtre ; cependant quand on parcourt l'immense quantité de Livres écrits sur cet Art sous les noms de *Cours d'Architecture*, *Commentaires*, *Réflexions*, *Essais*, *&c.* à peine en trouve-t-on trois ou quatre qui contiennent des choses utiles. La plûpart des Auteurs qui nous ont communiqué leurs idées, se sont bornés à répéter, refondre, & étendre les préceptes que les Auteurs Italiens ont établis en peu de mots avant eux, ou se sont égarés, en prenant leurs idées particuliéres pour les regles fondamentales de l'Art. La partie de la conſtruction ſeule, a été ſoumiſe à des regles, encore la plûpart des objets difficiles n'ont-ils pas été traités; mais on n'eſt pas encore parvenu à fixer par des principes certains cette partie vague de l'Architecture connue ſous le nom de *goût*, que chacun ſe pique de poſſéder ſupérieurement, & que ſi peu de perſonnes ſont en état de ſentir. Il eſt aſſez vraiſemblable qu'un particulier ne réuſſira jamais que très-imparfaitement à traiter cette partie, quels que ſoient ſes efforts. Ce travail demande à être entrepris par un corps entier de gens conſommés dans l'art de bâtir....

L'Académie d'Architecture de Paris paroît aujourd'hui le Corps le plus propre à donner aux Artistes les loix qu'ils attendent depuis si long-temps, sur-tout depuis que cette Compagnie s'est associé presque tous les célebres Architectes de l'Europe. Quoi qu'en dise M. l'Abbé Laugier, cette Académie a parmi ses membres plus d'un Artiste Philosophe, & il faut nécessairement être l'un & l'autre pour traiter cette matiere avec succès. C'est la proposition qu'il avance, qu'on ne peut être l'un & l'autre à la fois, que je prends la liberté d'attaquer, comme contraire aux faits. Michel-Ange, Vignole, Perrault, Blondel, & tant d'autres, avoient l'esprit très-philosophique, & étoient d'excellens Architectes. M. l'Abbé Laugier ne voudroit pas sans doute soutenir qu'il faille être un

Leibnitz, un Clairaut, un d'Alembert, un Diderot, &c. pour posséder la Philosophie de l'Architecture. Au surplus, l'étude de la Philosophie, dans la signification la plus étendue de ce mot, n'est interdite à aucun Artiste, ni incompatible avec celle de l'Art même. Michel-Ange, Bernin, & tant d'autres célebres Italiens, joignoient à des connoissances fort étrangeres à l'Architecture, le plus grand talent en peinture & en sculpture; pourquoi donc devroit-on regarder comme un phénomene, un Architecte assez Philosophe, pour raisonner sainement sur les principes de sont Art? Il dépend de la Nation & de ceux qui la gouvernent, d'augmenter cet esprit philosophique, en donnant à ceux qui professent cet Art, un degré de considération qu'ils n'ont pas. En France est Architecte qui veut. Le Maître Maçon, l'Entrepreneur se dit Architecte, est reconnu pour tel en Justice, & même par le public, lorsqu'il jouit d'une certaine aisance. Un Architecte ne peut être Entrepreneur; l'exacte justice demanderoit qu'il fût défendu à un Ouvrier, à un Entrepreneur, de donner des projets, & de conduire des bâtimens; on verroit moins d'Edifices ridicules, & les Artistes n'auroient pas tous les jours l'humiliation d'être confondus avec l'Ouvrier dont ils reglent les Mémoires. Ce n'est pas qu'il n'y ait parmi les Entrepreneurs plusieurs personnes d'un vrai mérite; mais étant obligées de tourner toutes leurs vûes, & toute leur attention, du côté de leur fortune, les détails qu'exigent les entreprises dont elles se chargent, leur ôtent nécessairement une partie du temps qu'il faudroit qu'elles employassent à l'étude des grandes parties de l'Art. Ce n'est donc que dans le petit nombre de ceux qui renoncent à la fortune pour se livrer à cette étude, qu'on peut se flatter de trouver vraiment les connoissances nécessaires pour traiter avec noblesse la décoration d'un bâtiment. Lorsque cette vérité sera bien reconnue de la Nation, plusieurs personnes préféreront un parti moins lucratif, mais plus honorable, à un état aujourd'hui presqu'autant estimé, & qui conduit plus sûrement à la fortune. Quoiqu'il y ait aujourd'hui plus d'habiles Artistes que jamais en France, on peut assurer que le corps de la Nation est encore bien éloigné d'avoir le goût des Arts. Bien des Provinces de ce vaſte Royaume, & trop de perſonnes bien nées dans la capitale même, confondent l'Artiſte avec l'Artiſan. On ignore communément ce qu'il en coûte de peines & de dépenſes, pour acquérir les premieres notions des Arts Libéraux. De-là naît le peu d'eſtime, pour ne pas dire l'eſpece de mépris, qu'on a pour ceux qui les profeſſent. Ce ne ſera que lorſque la Nation entiere aura une teinture des Arts, que la petite claſſe qui en fait ſa principale occupation, acquerra ce degré de conſidération néceſſaire pour accroître ſon émulation. Alors les Artiſtes éprouveront cet accueil que je reclame ſi vivement, cette urbanité qui exiſte bien relativement à la ſociété de pur agrément, mais non en faveur de ceux qui cultivent les Arts.

Au moment où ces Remarques alloient être livrées à l'impreſſion, j'ai appris que M. l'Abbé Laugier avoit fait une ſeconde édition de ſon Eſſai. Je me ſuis hâté de m'en procurer un Exemplaire, dans la perſuaſion qu'il pourroit en avoir retranché les contradictions que je releve dans ces Remarques, dont une partie devenoit inutile; mais après l'avoir lû avec toute l'attention poſſible, je n'y ai trouvé de nouveau, que des plaintes contre l'Auteur de l'examen de ſon Eſſai que j'ai cité dans ces Remarques, & contre M. Frezier, ainſi que quelques réponſes aux critiques de ces deux Auteurs. J'avoue que M. l'Abbé Laugier, qui reproche à ces Auteurs de ne l'avoir pas compris, toutes les fois qu'ils ne ſont pas de ſon avis, me ſemble auſſi ne pas vouloir les comprendre, lorſqu'ils lui font des objections qu'il ne réſout aucunement. J'aurai ſans doute auſſi le malheur de n'avoir pas compris M. l'Abbé Laugier; mais je ne puis m'empêcher de tranſcrire une de ſes propres phraſes, qui ſeule renverſe tout ſon ſyſtême: elle ſe trouve à la page 15 de ſon Avertiſſement. En établiſſant les proportions de ſon Egliſe, il dit: *Si on me demande pourquoi je fixe la hauteur à deux largeurs & demie, je répondrai que c'eſt pour avoir remarqué que l'effet d'une hauteur pareille, eſt ſingulierement majeſtueux.*

Que font donc tous les Architectes habiles, ſi ce n'eſt d'étudier de pareils effets, & d'en mettre le réſultat en pratique?

REMARQUES

REMARQUES

SUR UN LIVRE

INTITULÉ,

OBSERVATIONS

SUR L'ARCHITECTURE,

Par M. l'Abbé LAUGIER.

TOUT *n'est pas dit sur l'Architecture*. Tel est le début d'un Livre, qui vient de paroître sous le titre d'*Observations sur l'Architecture*, *par M. l'Abbé Laugier, des Académies d'Angers, de Marseille & de Lyon*.

L'Auteur dans ce Livre, ainsi que dans un Essai sur l'Architecture qu'il a publié en 1753, paroît toujours persister dans l'idée de réduire les principes de cet Art à la même simplicité où il croit qu'on est parvenu à réduire ceux de la Musique. Il faut lui sçavoir gré d'un dessein aussi louable ; mais en applaudissant à ses vûes, on se croit obligé de relever quelques erreurs d'autant plus dangereuses, que le style de son Livre est séduisant, que son ton est décisif, & qu'il avance comme une vérité démontrée, *que la théorie des Arts n'est point l'affaire des Artistes, que c'est aux Philosophes à porter le flambeau de la raison dans l'obscurité des principes & des regles, & que l'exécution* SEULE, *est le propre de l'Artiste, tandis que la législation appartient aux Philosophes.* (page 4.)

Pour connoître la valeur de ces propositions, examinons avec impartialité si les loix de M. l'Abbé Laugier sont vraiment éclairées par le flambeau de la raison ; s'il ne seroit pas encore nécessaire d'y joindre celui de l'expérience ; si enfin *le coin du rideau qu'il leve, découvre en effet des vérités cachées, & s'il rend aux Artistes autant de services qu'il leur en promet.* (Ibid.)

Dans la premiere Partie M. l'Abbé Laugier entre dans un grand détail sur les proportions. Personne ne lui conteste les vérités qu'il annonce relativement aux rapports; mais ces vérités ne sont pas neuves, & puisque *tout n'est pas dit encore*, ce n'étoit pas la peine de répéter ce qu'avoient dit long-tems avant lui Blondel, Perrault, Cordemoy, & tant d'autres. Tous ont parlé de ces proportions, & des différens rapports qui les produisent : mais lorsqu'ils ont exécuté, ils ont senti l'insuffisance des principes qu'ils avoient établis, & ont été les premiers à les abandonner. M. l'Abbé Laugier ne contestera pas au moins à Blondel & à Perrault, d'avoir été Philosophes & Artistes tout ensemble; que leur est-il arrivé? Lorsqu'ils ont écrit, ils se sont égarés, ainsi que bien d'autres, dans le labirinthe de la Méthaphysique, qu'ils ont quitté lorsqu'ils ont construit, pour suivre la lumiere de l'expérience, escorte nécessaire de celle de la raison dans l'Architecture.

Pour que tout ce que M. l'Abbé Laugier dit après tant d'autres sur les proportions, pût devenir regle, il faudroit que nos yeux eussent la justesse du compas; encore faudroit-il peut-être les tromper : mais l'œil n'apprécie jamais juste, & se contente ainsi que tous nos sens d'*à-peu-près*. Dès-là tout le systême de M. l'Abbé Laugier croule. Il est lui-même obligé d'établir des moyennes proportionnelles, entre lesquelles il laisse choisir. Or poser des principes pour laisser ensuite la liberté de s'en écarter, c'est se conduire avec assez d'inconséquence. Tous les Architectes habiles sentent la nécessité d'établir des rapports de proportions commensurables, au moins dans les grandes parties; mais toujours convaincus par l'expérience que cette commensurabilité n'est saisie qu'imparfaitement par l'œil, ils subordonnent cette partie à tant d'autres plus essentielles dans la .. .itruction d'un bâtiment. Je dis plus; c'est qu'en supposant qu'un Architecte établisse exactement sur son plan une proportion commensurable, rarement sera-t-il exécuté avec la même justesse, sur-tout si les dimensions sont un peu considérables. La Chapelle de Versailles pourroit bien être dans ce cas, & si au lieu de 31 pieds 5 pouces & ½ de largeur qu'elle a, sur 104 pieds 11 pouces & ¼ de longueur, l'intention de Mansart a été, comme cela se pourroit très-bien, de lui donner 104 pieds sur 32. Le rapport de la largeur avec la longueur sera de trois fois ¼. Or il ne seroit pas étonnant que sur 104 pieds, il y eût environ un pied d'erreur dans l'exécution, & 5 pouces & ½ sur 32 pieds. Ceux qui ont beaucoup construit, conviendront aisément de cette possibilité d'erreur, dont ils s'embarrasseront d'ailleurs très-peu; persuadés qu'il est impossible à l'œil de la reconnoître. Il étoit donc bien inutile à M. l'Abbé Laugier de nous apprendre *que l'on aura peine à comprendre que des proportions dont le principe est si simple, & dont la découverte étoit si facile, aient été ignorées ou négligées par les Architectes qui ont le plus de génie & d'habileté.* (page 20.)

Ce que dit cet Auteur, (page 24.) *que la belle hauteur des dômes est celle qui sera double ou triple de leur largeur, & point au-delà*, ne me semble nullement prouvé. La proportion des pyramides l'est encore beaucoup moins; mais le rapport qu'il veut qu'une tour ait avec une pyramide, est absolument contraire à tout ce qu'il a établi; car la forme d'une tour n'étant pas la même que celle d'une pyramide, sa proportion doit être différente.

Ici M. l'Abbé Laugier établit les proportions des pyramides sur l'observation qu'il prétend avoir été faite, *que celles qui ont en hauteur plus de neuf fois la largeur de leur base, paroissent trop aigues & trop grêles à leur sommet*; & de-là il conclut, *que leurs différens degrés d'élévation, ainsi que celle des tours, eſt depuis quatre largeurs juſqu'à neuf.* Voilà donc la proportion des pyramides réglée ſur leur effet à l'œil ; pratique que les habiles Architectes emploient ſagement dans tous les autres cas, & qui eſt fondée ſur l'expérience qui nous apprend que l'enſemble & les détails d'un bâtiment doivent néceſſairement varier de proportion toutes les fois que leur ſituation varie ; les tours doivent ſans doute jouir du même privilége, & puiſqu'elles différent entierement des pyramides par la figure, elles doivent auſſi en différer par les proportions.

L'Auteur fait ici un aveu bien étonnant, pour quelqu'un qui en 1753 écrivoit dans ſon Eſſai ſur l'Architecture :

Je me vois contraint à m'élever contre les dômes, dont tant de gens me paroiſſent amoureux. On dira en leur faveur tout ce que l'on voudra ; il ſera toujours vrai que c'eſt une choſe monſtrueuſe de voir un periſtyle entier de colonnes, porté ſur quatre grandes arcades, qui ne leur offrent qu'un fondement faux, parce qu'il est excavé, &c. (page 51 de l'Essai.)

Aujourd'hui M. l'Abbé Laugier change de langage, & dit : *que dans les dehors des bâtimens, rien ne fait un effet plus majestueux que les grandes élévations, lesquelles, étant bien proportionnées d'ailleurs, présentent des masses qui étonnent le spectateur, & dans les édifices de conséquence, on ne peut trop viser à produire cet étonnement. Les Dômes des Invalides & du Val-de-Grace ont cet avantage. Ce sont de fortes masses, qui par leur élévation se dessinent dans le vuide des airs, & y jouent d'une maniere surprenante.* (pages 25 & 26.)

Cette palinodie nous apprend du moins une vérité incontestable, c'est que depuis le Livre de l'Essai, M. l'Abbé Laugier a vraiment fait des études, & a fait des progrès dans la partie du goût. Nous lui en faisons sincerement notre compliment : mais, en même tems, nous ne pouvons nous empêcher de lui reprocher le silence qu'il affecte sur ce changement de façon de penser. Un Auteur qui prend un ton aussi dogmatique que l'a employé M. l'Abbé Laugier dans son Essai ; ton qu'il continue à mettre en usage encore aujourd'hui, doit au moins prévenir ses lecteurs des rectifications qu'il fait à ses idées, sans quoi ceux qui sur sa réputation liroient son Essai sans lire ses observations, seroient induits dans une erreur très-grande & très-nuisible.

La critique qu'il fait ici du Dôme futur de l'Eglise de Sainte-Genevieve, paroît prématurée : car enfin jusqu'à ce qu'il soit exécuté, on ne peut trop sçavoir quelle est précisément l'idée de l'Architecte. Par les différens projets que M. Soufflot montre volontiers à tous ceux qui le vont visiter, on conçoit qu'il ne paroît pas encore lui-même décidément arrêté à ce sujet, & que, peu content des idées qu'il a jettées sur le papier, il en cherche encore de nouvelles. Cette méfiance de ses propres productions lui a valu, en même tems, des injures atroces ſur un autre projet de couronnement, dans une Brochure qui a paru ſur les prétendus défauts de l'Architecture de l'Egliſe de Sainte-Genevieve; Brochure qui ne contient que des faits hazardés, ou les groſſieretés, les perſonnalités & les indécences, ſont également prodiguées; qui a fait une ſenſation que n'auroit pas fait une critique raiſonnable dont cette Egliſe peut être ſuſceptible, tant la malignité humaine ſe plaît a humilier le talent; qui n'a d'autre mérite que d'avoir rendu juſtice à un des beaux monumens qui ſe conſtruiſent dans cette capitale (1), & dont on n'auroit point parlé, ſi elle ne ſervoit à prouver combien un Artiſte eſt malheureux, puiſqu'avant même qu'il ſe ſoit arrêté à une penſée, elle eſt déja défigurée par l'ignorance & par l'envie.

M. l'Abbé Laugier nous obſerve

(1) L'Egliſe de la Magdelene.

ensuite : *Que toute façade qui a une grande étendue, doit être coupée & interrompue par des hauteurs inégales.* Il est presque tenté sur cela *de regretter ces tours gothiques de diverses formes, & de différentes hauteurs qui flanquoient & distinguoient nos vieux Châteaux* ; & il finit par avancer, *que si l'on ôtoit les combles qui couronnent le Château des Tuileries, pour y substituer une balustrade, on verroit succéder l'effet le plus médiocre à l'effet le plus majestueux & le plus grand.* (pages 26, 27 & 28.)

Toutes ces assertions sont dénuées de preuves, & fondées uniquement sur le goût particulier de l'Auteur. Or en matiere de goût, il n'y a que les exemples reçus de toutes les Nations qui puissent faire loi. Dans le fait, tous ceux qui ont du goût conviendront avec M. l'Abbé Laugier de la nécessité d'interrompre une longue façade par des hauteurs inégales ; mais n'y a-t-il d'autre moyen d'y parvenir qu'en employant ces énormes combles, qui semblent n'être imaginés que pour ruiner le propriétaire d'un bâtiment lors de sa construction, & ses héritiers ensuite, par l'affaissement & l'écartement des murs? M. l'Abbé Laugier voudroit-il de bonne-foi nous persuader, avec l'Auteur de cette Brochure dont j'ai déja parlé, qu'il est nécessaire de supprimer l'Académie des Eleves de Rome, & prier le Roi d'en établir une d'Architecture Arabesque à Reims, ou à Cordoue? Mais quittons la plaisanterie, & observons que ces effroyables masses de charpente dont les Goths ont affublé les bâtimens de nos ancêtres, & que notre mauvais goût n'a que trop long-tems perpetuées, n'ont jamais été adoptées par l'Europe entiere. Les raisons de nécessité dont quelques Auteurs ont voulu couvrir cette horrible décoration, sont absolument futiles. A Florence, à Madrid, à Stockholm, il pleut beaucoup une partie de l'année, & il tombe une grande quantité de neige l'hyver; on n'y construit que des toîts plats, & on ne s'en trouve pas plus mal. On a moins de couverture à entretenir ; les murs ſont moins chargés, & le Charpentier fournit moins de bois. Je ſuis perſuadé, contre l'opinion de M. l'Abbé Laugier, qu'une baluſtrade ſur la façade des Tuileries, avec des parties plus élevées ſur les pavillons en forme d'Attique, comme cela eſt pratiqué ſur beaucoup de Palais à Rome, produiroit le plus magnifique effet. Les Ordres d'Architecture en paroîtroient plus grands. Il y a déja long-tems qu'un Auteur ingénieux a obſervé que cette affectation de couronner nos Maiſons & nos Palais par des immenſes toîts, à l'air d'une Maiſon bleue, poſée ſur une Maiſon blanche (r).

Un Italien qui apperçoit pour la premiere fois cette étrange décoration, tremble d'entrer dans un pareil bâtiment, & plaint une Nation qui

(r) Recueil de quelques Pieces concernant les Arts, extraites de pluſieurs Mercures de France. 1757, page 12, chez Jombert.

eſt obligée de gâter ſes Maiſons pour les conſerver.

Dans le quatriéme Chapitre, l'Auteur détermine le diametre des colonnes dans l'intérieur d'un bâtiment, & il établit pour regle, que la hauteur d'une piece étant donnée, il faut diviſer cette hauteur *en neuf parties pour l'Ordre Dorique, en dix parties pour l'Ordre Ionique, & en onze parties pour l'Ordre Corinthien. Une de ces parties vous donnera, dit-il, le diametre de la colonne.*

Comme M. l'Abbé Laugier ne dit point ſi cette colonne doit porter à crud ſur le carreau, ou poſer ſur un ſocle, on ne peut ſçavoir ſi le diametre qui reſte en ſus de la hauteur réelle de la colonne doit être employé à la terminer par une petite corniche, ou ſi le chapiteau doit porter immédiatement ſous le plancher, en ſuppoſant qu'on éleve la colonne ſur un ſocle. Car tout Eleve en Architecture ſçait que la colonne Dorique doit avoir, compris baſe & chapiteau, huit diametres de hauteur, l'Ionique neuf diametres, & le Corinthien dix diametres. Quoi qu'il en soit, ce diametre ainsi déterminé, M. l'Abbé Laugier nous assure, *que l'assortiment des parties avec le tout sera admirable, & l'ensemble parfait.* (page 30.)

Ce qu'il y a de plaisant, c'est que dans les pieces voûtées, après avoir retranché le demi-diametre de la voûte, le surplus doit être divisé *en onze parties pour l'Ordre Dorique, en douze pour l'Ordre Ionique, & en treize pour l'Ordre Corinthien.* (page 31.); sans qu'on puisse deviner pourquoi cette différence de division qui changeroit la proportion des colonnes, si on prenoit une de ces parties pour mesure du diametre.

En voyant ces contradictions, on seroit tenté de croire, comme l'insinue M. Silvie dans le Mercure du mois d'Octobre 1766, qu'il y a une sorte de mystere dans la connoissance des proportions qu'il est réservé à peu de mortels de pénétrer, & qu'il faut faire des conjurations pour être initié dans ces mysteres. C'est ainsi que la Charlatanerie se mêle partout, & même aux choses les plus sérieuses, & qui en paroissent le moins susceptibles.

Quelle que soit l'interprétation que puisse recevoir le principe qu'a hazardé notre Auteur, il est certain qu'il est insuffisant pour donner dans tous les cas le diametre de l'Ordre qu'on veut employer dans l'intérieur d'un édifice, puisqu'il ne le donne que dans le seul cas où il n'y auroit aucune espece d'entablement ou de corniche.

Au Chapitre sixiéme, M. l'Abbé Laugier explique les proportions des parties de détail entr'elles, & par la raison qui l'a déterminé à donner aux Tours la même proportion qu'aux Pyramides, il veut encore y soumettre les colonnes, & il avance comme un principe démontré, *que la hauteur de toutes les parties verticales se trouve bornée en Architecture à neuf fois la largeur d'un des côtés de leur base.* (page 43.)

On

On remarque ici combien un Auteur eſt embarraſſé, & dans combien de contradictions il eſt forcé de tomber, lorſque voulant déduire les effets, d'un principe établi ſans preuves, au lieu de déduire ſes principes des effets, il ſe trouve à tout moment arrêté dans ſa marche, & eſt obligé de créer à chaque inſtant des exceptions à ſa regle. C'eſt ainſi que le célebre M. Rameau, ayant voulu établir tout le ſyſtême Muſical ſur une ſeule expérience reconnue, a été obligé d'abandonner ſon principe toutes les fois qu'il ne cadroit pas avec les phénomenes démontrés; & ce cas eſt arrivé ſi ſouvent, & dans des parties ſi eſſentielles, qu'un Philoſophe illuſtre (1), qui s'eſt chargé d'abréger ſon Ouvrage, a été obligé de quitter ſouvent ſes traces, & eſt forcé de convenir que le ſyſtême de la baſſe fondamentale ne répond pas à pluſieurs objections très-fortes qui lui ont été oppoſées, &

(1) M. d'Alembert.

qu'elle se trouve souvent en défaut. De même M. l'Abbé Laugier est obligé, malgré ses principes, d'établir différentes proportions entre différens Ordres, & cela sans en donner d'autres raisons que leur plus ou moins de délicatesse ; raison applicable, & appliquée par les Architectes à toutes les autres parties verticales en Architecture, & qui rend absolument inutile la prétendue regle des neuf largeurs en hauteur.

Du moins si M. Rameau s'est égaré en cherchant à simplifier la théorie de la Musique, il pouvoit être séduit par le grand nombre de phénomenes musicaux qu'il expliquoit par son systême, qui d'ailleurs étoit fondé sur une expérience & sur une singularité prise dans la nature même. Mais tout le systême de M. l'Abbé Laugier porte sur un fondement creux qu'il lui plaît d'appeller nature ; car sa cabane rustique n'est nullement un ouvrage de la nature. Tout ouvrage fait de main d'homme, est un ouvrage d'art, & sa cabane est nécefſairement conſtruite par des hommes ; dès-lors je ne vois pas pourquoi il veut prendre l'art tout brut, & pourquoi il veut abſolument qu'on ait commencé par iſoler les troncs d'arbres avec leſquels on a formé cette premiere cabane. N'étoit-il pas tout auſſi naturel de murer en même tems l'entre-deux de ces troncs ; d'y laiſſer des ouvertures pour ſervir de portes & de fenêtres ? Si cela eſt, pluſieurs parties de ce premier bâtiment qu'il en détache ſans néceſſité, & contre la vraiſemblance, pour en faire ce qu'il nomme des *licences*, en ſont des parties eſſentielles. Mais ſans retrécir ainſi le cercle des élémens d'un art qui en a de plus vaſtes, avouons que les beautés de l'Architecture ne peuvent être déduites d'un principe ſi ſimple & ſi peu fécond en conſéquences. Sans doute que ces premiers eſſais des hommes raſſemblés en ſociété ont ſervi de modeles en bien des choſes ; mais convenons auſſi que, dès que l'induſtrie humaine a ſçu ſe procurer des matériaux plus durs que le bois, dès qu'elle a ſçu tirer des entrailles de la terre les pierres & les marbres; elle a bien pû ſe plaire à rappeller quelques formes des premieres cabanes : mais il a dû auſſi être permis aux hommes de génie de ne point s'aſtreindre abſolument, & ſans reſtriction, à la répréſentation des ſeuls objets qui entroient dans la compoſition de ces enfans de la néceſſité. Vouloir tout ramener à ces monumens barbares, c'eſt comme dit Boileau, défendre aux Poëtes.

> De peindre la prudence,
> De donner à Thémis ni bandeau ni balance,
> De figurer aux yeux de la Guerre au front d'airain,
> Et le Temps qui s'enfuit un horloge à la main.

M. l'Abbé Laugier attribue (page 47.) l'origine du chapiteau & de la baſe à l'imitation des liens & des jambettes, qui, dans un aſſemblage de charpente, buttent & entretiennent les pieces qui portent debout. Il ſeroit difficile de prouver abſolument le contraire; mais je crois qu'il eſt le premier à qui cette penſée ſoit venue.

J'avoue que l'opinion de la plûpart des Ecrivains qui rapportent cette origine à la coëffure & à la chaussure des femmes, me paroît trop déraisonnable pour mériter d'être réfutée. L'origine à mon gré la plus sensée & la plus vraisemblable, est celle que leur donne M. Frezier, dans ses observations sur l'Architecture, à la suite de son excellent Traité de la Coupe des Pierres. Les premiers troncs d'arbres qu'on a employés à supporter des toîts & des planchers, ont dû bien-tôt se fendre & éclater sous le fardeau. On a imaginé d'empêcher ces effets, ou les progrès, en cernant ces troncs par le haut & par le bas avec des cordes; ensuite on a posé la partie basse sur un dez de pierre pour l'empêcher de pourrir, & un semblable dez a été placé au-dessus du tronc, pour donner plus d'assiette à la partie traversante d'un arbre à l'autre. Voilà une origine bien naturelle des tores, socles, & autres moulures qu'on emploie dans ces parties d'Ordres. Elle peut même excuſer la baſe Ionique, en ſuppoſant qu'on a pû doubler les tours de la corde dans la partie la plus éloignée du ſocle; ce qui en paſſant prouveroit que tout ce qui eſt pris dans la nature, n'eſt pas toujours bon à imiter, & qu'il faut du goût dans le choix qu'on en fait; & c'eſt préciſément pour ce goût qu'on n'a point de regle.

Ce qui ſuit juſqu'à la page 51 explique les proportions des différentes parties des chapiteaux & des baſes des Ordres divers; proportions abſolument imaginées par M. l'Abbé Laugier, ſans être déterminées par aucune néceſſité. A cet égard l'Auteur ne nous enrichit que de ſes propres idées, & quoiqu'elles puiſſent être fort bonnes, rien ne ſemble obliger à quitter celles des Auteurs qui ne ſont, pas mieux démontrées, mais qui ayant du moins été miſes en uſage par tous les Architectes célebres, ont acquis force de loi par leur ancienneté. Ses proportions ſur les entre-colonnes ſont abſolument les mêmes que celles des Anciens, & *tout cela étoit dit* long-tems avant M. l'Abbé Laugier.

Sa réflexion sur l'âpreté des espacemens des colonnes (pag 55.) est fort juste; mais ce n'est pas une raison pour blâmer l'Architecture de l'Eglise de Saint-Pierre de Rome, qui, étant dans un systême différent, n'en est pas moins une des plus belles productions de l'art, malgré ses défauts.

La proportion des fenêtres & des portes (page 59.) est encore établie par l'Auteur d'une maniere absolument arbitraire, & de façon à limiter le génie de l'Architecte. M. l'Abbé Laugier ne veut pas que le bandeau pourtourne la croisée sur ses quatre faces; les portes & croisées doivent occuper nécessairement toute la largeur des entre-colonnemens prise au pied des bases. Quelles sont les preuves de toutes ces loix? Je ne les vois que dans la volonté suprême de l'Auteur. Il cite l'exemple des gros pavillons des Tuileries, pour faire voir le mauvais effet que produit l'efpace qu'on laiſſe quelquefois entre le bandeau des croiſées, & la baſe des colonnes ou pilaſtres; & il paſſe ſous ſilence un million de bâtimens où cette pratique produit de grandes beautés.

M. l'Abbé Laugier blâme encore ici, (page 63.) ainſi que dans ſon Eſſai, l'uſage des niches, & cite pour exemple celles des pavillons des bâtimens de la Place de Louis XV. Cette averſion de l'Auteur pour les niches, ne vient, comme on peut le voir dans cet Eſſai, (pages 57 & 58.) que de ce qu'il ne s'en trouve pas dans ſa cabane ruſtique, qu'il lui plaît d'appeller *nature*. L'avantage de mettre dans des places qui deviendroient abſolument inutiles des Statues, que non-ſeulement le renfoncement des niches met à l'abri des injures du tems, mais qu'il embellit encore par les reflets de la lumiere, n'eſt d'aucun prix aux yeux de M. l'Abbé Laugier, qui n'eſtime que les beautés qui ſe calculent, & qui ſe meſurent au pied & à la toiſe; mais comme il veut absolument que la Nation ait un morceau d'Architecture d'une beauté irreprochable, il se garde bien de blâmer les niches qui ornent le fond du péristyle du Louvre. Cependant s'il existe un bâtiment dans le monde où cet ornement soit déplacé, c'est dans la façade principale d'un Palais destiné à loger un des plus puissans Monarques de l'Europe; façade qu'on doit supposer être construite sur une place qui ne pourra être vûe de l'intérieur de ce Palais. En effet, les Architectes Romains, à qui je montrai les gravures de ce morceau pendant mon séjour à Rome, furent tous d'accord que ce portique annonçoit l'entrée d'un Temple. La façade du Louvre, qui d'ailleurs est certainement un très-beau morceau d'Architecture, est donc taché d'un défaut réel, très-grand, & qu'on peut reprocher à son Autéur sans avoir l'air d'en faire la satyre, qui est de pécher contre la convenance, puisqu'elle annonce une deſtination différente de ſon uſage (1).

La réflexion de l'Auteur (page 66.) ſur les ouvertures feintes, eſt abſolument contraire à ce qu'ont pratiqué les meilleurs Artiſtes. On ne doit feindre une ouverture que pour ſymmétriſer avec une autre ouverture réelle; par-tout ailleurs il n'en faut jamais hazarder. J'ignore l'effet que feront les croiſées de l'Egliſe de Sainte Genevieve, parce qu'il faut les voir exécutées; mais ſi elles font mal, ce ne ſera ſûrement pas parce que l'Auteur aura négligé d'en répéter de feintes au-deſſus. Un beau nud eſt bien préférable à un ſi petit moyen, qui ne ſerviroit qu'à prouver la foibleſſe du génie de l'Architecte.

(1) Je ſuis fâché de me trouver ici d'un autre ſentiment que l'Auteur de la Brochure dont j'ai déja parlé, qui met en doute ſi les périſtyles ſont la vraie décoration de l'entrée des Temples.

Ce que dit M. l'Abbé Laugier, (page 67.) sur les proportions des frontons, donne encore une nouvelle preuve des contradictions dans lesquelles il tombe le plus souvent. Laisser à la prudence de l'Architecte à déterminer l'angle de ce fronton, suivant le plus ou moins de degrés d'élévation où il se trouve placé, c'est répéter ce qui a été dit & pratiqué avant lui par tout le monde.

Ce qu'il dit ensuite sur l'abus de l'emploi des frontons est très-sensé; mais ce que ni M. l'Abbé Laugier, ni personne que je sçache, n'a observé, c'est qu'à Rome il n'y a point d'édifice, hors les Eglises, qui soit couronné d'un fronton. Cet ornement est uniquement consacré à couvrir l'entrée des Temples, & en annonce nécessairement l'idée dans l'Architecture Romaine. Il est vrai que l'Ecole Vénitienne, guidée par le Palladio, n'a pas été arrêtée par le même scrupule : aussi presque tous les Palais de Venise & de la Brenta ressemblent-ils plutôt à des Temples qu'à toute autre chose, tant à cause de ces frontons, qu'à cause des péristyles qu'ils couvrent; péristyles que les Romains réservent aussi avec beaucoup de circonspection pour orner l'entrée de leurs Temples.

En vain M. l'Abbé Laugier s'éleve-t-il (page 73.) contre les Statues placées sur les balustrades de la colonnade de Saint Pierre de Rome, & de plusieurs autres bâtimens. Je conviens que de tous les ornemens qu'on peut employer dans l'Architecture, c'est celui qui semble choquer le plus la raison. Si néanmoins on veut bien faire attention que l'origine de cette licence peut provenir assez naturellement de l'usage où étoient les anciens Romains de conserver chez eux leurs Dieux Pénates ou Lares; qu'ils ont pû ensuite les placer sur le haut de leurs maisons pour les préserver de divers fléaux; qu'on s'est apperçu de l'heureux effet que produisoient ces Statues, en interrompant, ainsi que le desire M. l'Abbé Laugier, la trop grande uniformité de la ligne horisontale des entablemens & balustrades, mais bien plus agréablement que ces effroyables combles que M. l'Abbé Laugier regrette tant; si enfin on veut être de bonne-foi, & convenir de la richesse que cette maniere de terminer un bâtiment ajoûte au surplus de sa décoration, on avouera sans peine qu'en matiere de goût, il faut que le raisonnement le céde à l'expérience & à l'œil habitué de l'Artiste.

C'est sans fondement que l'Auteur prétend qu'on est obligé de forcer les proportions de ces figures pour les rendre sensibles d'en-bas. On ne leur donne communément que la hauteur de l'entablement, & on n'y cherche que des masses, & non des traits.

Au surplus les déclamations de M. l'Abbé Laugier contre cet usage, sont bien peu nécessaires parmi nous. On n'a que trop rejetté l'usage de cet ornement magnifique, pour y substituer des groupes de trophées, bien moins faits pour se trouver à cette place, & qui se dessinant moins bien dans l'air, couronnent lourdement un bâtiment. On peut nous reprocher en Architecture & en Musique, ce que M. de Voltaire nous reproche si souvent en Poësie. Nous mettons trop de raison dans toutes nos productions de génie, & à force de raison, nous glaçons tout ce que nous enfantons. C'est sans doute cet abus du raisonnement qui nous rend si peu propres à inventer. Il faut permettre au génie des écarts, sans quoi il s'éteint.

Je ne puis m'empêcher d'observer ici que ces Statues placées à Rome sur les péristyles, sur les Eglises, sur les Palais, & jusques sur les Ponts, prouvent que dans cette ville célèbre tous les beaux Arts se tiennent par la main. Par-tout l'Architecture, la Peinture & la Sculpture sont réunies, & servent à embellir, & à échauffer un quatrième Art (D), dont le

(D) La Musique.

charme se répand sur les productions des trois autres. Il faut avoir une ame, des organes sensibles ; voir Rome, dépouillé de tous préjugés de patriotisme mal-entendu (1) : & on conviendra sans peine que c'est avec raison que les vrais connoisseurs donnent à ce berceau des Arts la préférence sur tous les autres pays.

Ce que dit ensuite M. l'Abbé Laugier sur les proportions de la belle Statue du Roi à la nouvelle Place, est très-sensé, & conforme à ce qu'en pensent tous les Artistes habiles ; mais comme il ne peut quitter le ton

---

(1) L'amour aveugle de la patrie dicte souvent de faux jugemens. Le véritable & solide amour de la patrie consiste à lui faire du bien, & à contribuer à sa liberté autant qu'il est possible ; mais disputer seulement sur les Auteurs de notre Nation, nous vanter d'avoir parmi nous de meilleurs Poëtes que nos voisins, c'est plutôt sot amour de nous-mêmes, qu'amour de notre pays. (Voltaire. Essai sur la Poësie Epique, page 320, édition de Genève.)

dogmatique, il nous apprend encore qu'il entend mieux la Sculpture que le célebre Bouchardon, dont le ciſeau a produit ce chef-d'œuvre. Il eſt fâcheux que le Livre de M. l'Abbé Laugier n'ait pas paru avant que la mort nous enlevât cet Artiſte, il en auroit profité *pour augmenter l'effet pyramidal du monument en groupant les Vertus, &c.* (page 76.)

Au premier Chapitre du ſecond Livre, l'Auteur entreprend de démontrer les inconvéniens des Ordres Grecs dans les dehors des bâtimens. Il établit à cette occaſion pour principe, *qu'ils ne produiſent leur effet que lorſqu'une façade eſt décorée par un ſeul de ces Ordres.* (page 81.)

Ici il s'écarte encore des regles qu'il a établies dans ſon Eſſai, (pages 207 & 231.) où il propoſe de toujours décorer les intérieurs des Egliſes de deux Ordres, & *les Portails* de deux & même de trois Ordres, ſuivant l'exigence des cas. M. l'Abbé Laugier veut auſſi (page 88.) qu'on évite de ſéparer les étages par une plinthe;

plinthe ; & dans ſon Eſſai, (page 230.) il veut au contraire qu'on en mette. Je n'obſerve toutes ces petites conſidérations que parce que l'Auteur ne le fait point, & que cela prouve la néceſſité de bien étudier un art, avant de s'ingérer à l'enſeigner.

En conſéquence des nouveaux principes qu'il a plu à M. l'Abbé Laugier d'adopter, il blâme M. Moreau d'avoir employé des pilaſtres au lieu de colonnes à la Maiſon de M. de Chavanne, Boulevard du Temple, & d'avoir ſéparé les deux étages par une plinthe. Il rend d'ailleurs juſtice au mérite de cet Architecte, qui dans un ſi petit eſpace a ſçu faire du grand.

Au ſecond Chapitre, M. l'Abbé Laugier examine les inconvéniens des Ordres Grecs dans les dehors relativement à notre climat.

Au troiſiéme Chapitre, il examine les inconvéniens de ces Ordres dans les plans qui ne ſont pas rectangles.

Au quatriéme Chapitre, ceux de

les employer dans l'intérieur des bâtimens.

Et au cinquiéme Chapitre, ceux relatifs à quelques usages particuliers à nos Eglises.

Au milieu de beaucoup de bonnes choses qu'on trouve dans ces Chapitres, M. l'Abbé Laugier avance, à son ordinaire, plusieurs paradoxes comme des regles certaines. Ce seroit trop entreprendre que de vouloir le suivre dans tous les détails où il entre. On observera seulement en passant, que tous ces beaux raisonnemens ne valent jamais un exemple (1).

Perrault, que j'aime à citer à M. l'Abbé Laugier, parce qu'il étoit Phi-

(1) On a accablé presque tous les Arts d'un nombre prodigieux de regles dont la plûpart sont inutiles ou fausses. Nous trouvons par-tout des leçons, mais bien peu d'exemples. Rien n'est plus aisé que de parler d'un ton de maître des choses qu'on ne peut exécuter. Il y a cent Poëtiques contre un Poëme. (Voltaire. Essai sur la Poësie Epique, page 256.)

losophe & Artiste tout à la fois, & qu'ainsi il est digne d'être cité à M. l'Abbé Laugier ; Perrault, dis-je, fait un long Chapitre dans sa traduction de Vitruve, pour prouver qu'il est contre la raison d'employer des Ordres qui soutiennent plus d'un étage (1). Il va même jusqu'à dire qu'un grand Ordre annonce quelque chose de chétif & de mesquin, en ce qu'il semble que ce soit un grand Palais en ruine, dans lequel on a établi par économie plusieurs étages. Mais tout ce raisonnement n'empêche pas qu'il ne se soit conduit tout différemment lorsqu'il a formé le projet des façades du Louvre. S'il n'avoit été que Philosophe, il n'auroit jamais voulu s'écarter de la loi qu'il avoit établie ; mais comme Artiste, il a préféré l'effet des yeux à celui d'un raisonnement captieux qui lui a servi à établir une regle absolument fausse. Sans doute

(1) Livre 6, Chapitre 4.

que M. l'Abbé Laugier doit à la fréquentation des Artistes avec lesquels il a vécu depuis qu'il a publié son Essai, sa conversion sur une beauté si essentielle de l'Architecture.

Quoi qu'il en soit, il faut éviter également tous les extrêmes. En général un grand Ordre est préférable à plusieurs Ordres ; mais il n'en est pas moins vrai qu'il y a mille cas où deux Ordres peuvent faire très-bien. Il ne s'agit que de les bien employer, & c'est ce qu'on ne sçauroit apprendre dans des Livres. Réciproquement un grand Ordre peut faire très-mal, s'il est employé avec mal-adresse. *Un Poëme Epique*, dit M. de Voltaire, *est un récit en vers d'aventures héroïques. Que l'action soit simple ou complexe, qu'elle s'acheve dans une année ou dans un mois, que la scene soit fixée dans un seul endroit, ou que le Héros voyage de mers en mers, &c.... il n'importe ; le Poëme sera toujours un Poëme Epique.* (Essai sur la Poësie Epique, page 259.)

Il en est de même d'un bâtiment.

Qu'il y ait un Ordre ou qu'il y en ait plusieurs ; que les étages soient séparés par des plinthes, ou ne le soient pas ; qu'il y ait un soubassement ou non ; que les bandeaux des croisées pourtournent sur les quatre faces, ou seulement sur trois ; qu'il y ait du vuide entre le chambranle de la croisée, ou la colonne, ou le pilastre, ou bien qu'il n'y en ait point ; tout cela ne décidera point que le bâtiment soit bien. Il pourra l'être dans l'un & l'autre systême, & il pourra aussi dans les deux cas être fort mal. Il faut bien faire ; &, comme je l'ai déja dit, cela ne peut s'enseigner. On peut bien montrer à faire toutes les moulures & tous les ornemens qui entrent dans la composition d'un édifice, de même que dans la Poësie on peut bien vous enseigner la méchanique des vers, & dans la Musique les loix de l'harmonie ; mais l'ordre, l'arrangement, en un mot la magie de la composition ne s'apprend que par l'usage. Il faut naître avec du génie, & souvent alors celui qui s'écarte le plus de toutes ces froides regles, eſt celui qui réuſſit le mieux.

Ce n'eſt pas que je prétende qu'il faille tout abandonner au caprice de l'Artiſte ; je ſçais qu'une telle liberté hâteroit la chûte d'un art qui ne ſe ſoutient déja qu'avec trop de peine ; mais auſſi ne faut-il pas vouloir tout limiter dans un cercle étroit de principes qu'on établit ſans autorité, & qu'on s'accoutume à regarder comme des loix, ſans avoir examiné ſi tous les Artiſtes célebres les regardent comme telles (1). Il faut convenir qu'il y a trop peu de tems qu'on s'eſt livré à l'étude de la partie métaphy-

(1) Il faut dans tous les Arts ſe donner bien de garde de ces définitions trompeuſes, pour leſquelles nous oſons exclure toutes les beautés qui nous ſont inconnues, ou que la coutume ne nous a point encore rendu familieres. Il n'en eſt point des Arts, & ſur-tout de ceux qui dépendent de l'imagination, comme des ouvrages de la nature. (Voltaire. Eſſai ſur la Poëſie Epique, pages 257 & 258.)

ſique de l'art, pour ſe flatter d'en avoir déduit tous les principes. Je penſe, comme M. le Roi, *qu'il faudroit que tous les Artiſtes de l'Europe euſſent une correſpondance liée, & ſe communiquaſſent leurs idées ſur le vrai beau* (1). Ce ſeroit le vrai moyen de fixer les bornes du génie.

Ce qui n'eſt point pardonnable à M. l'Abbé Laugier, c'eſt d'établir dans ſes Obſervations, comme dans ſon Eſſai, qu'une des plus grandes beautés en Architecture, eſt la variété de forme des Plans, & néanmoins de blâmer la belle forme de la Colonnade de Saint Pierre de Rome. (page 104.) Malheur à un Auteur, *qui en conſidérant avec attention nos plus grands & nos plus beaux édifices, a toujours éprouvé diverſes impreſſions d'ame; chez qui le charme étoit quelquefois aſſez fort pour pro-*

(1) Ruines de la Grece, ſeconde Partie. Diſcours ſur la nature des principes de l'Architecture Civile, page 6.

duire un plaiſir mêlé de tranſport & d'enthouſiaſme (1), & qui n'a point ſenti ce tranſport & cet enthouſiaſme à la vûe de cette admirable Colonnade ! Le Chevalier Bernin n'avoit garde d'employer une figure rectiligne pour cette magnifique place. Il avoit trop d'habitude de l'œil pour employer une figure auſſi froide, dans une occaſion ſi propre à déployer toute la chaleur de ſon génie. Je plains M. l'Abbé Laugier, ſi, à l'aſpect de cette place, il n'a verſé des larmes de plaiſir. Les inconvéniens de quelques détails des Ordres, ne ſont que de foibles raiſons à alléguer contre les beautés ſublimes que la forme circulaire donne à ce chef-d'œuvre de l'art ; & je ſuis fâché qu'il ne ſe ſoit pas apperçu de l'adreſſe avec laquelle ils ont été ſauvés. D'ailleurs, ſuivant le raiſonnement même de l'Auteur, le Chevalier Bernin a eu raiſon, puiſqu'en ſuppoſant

(1) Préface de l'Eſſai, pages 8 & 9.

que ce périſtyle n'a pour objet que la communication de l'entrée de la place au Portail de l'Egliſe, la portion circulaire qu'on parcourt eſt plus courte que ne l'auroient été les trois côtés d'un rectangle; & cette courbe, étant très-allongée, eſt auſſi commode qu'une ligne droite. M. l'Abbé Laugier n'a donc fait que prendre plaiſir à critiquer ce beau morceau, puiſqu'un moment auparavant il indique des moyens pour ſauver les irrégularités qu'on ne peut éviter en employant cette forme; mais voulant toujours dogmatiſer, il adopte & conſeille même cette forme pour les Egliſes & les terminaiſons des croiſées, & la blâme dans un périſtyle, où il eſt bien plus facile de tailler dans le grand & d'augmenter l'effet.

Mais pourquoi M. l'Abbé Laugier emploie-t-il toute ſon éloquence & tout ſon eſprit à dégoûter notre Nation des périſtyles & de l'emploi des colonnes? On n'eſt, hélas! encore que trop éloigné d'abuſer de cet ornement. Quels ſont donc les bâtimens, où on les a employés? J'ouvre l'immenſe Recueil de l'Architecture Françoiſe, & à peine apperçois-je quelques colonnes aux Maiſons Royales élevées dans l'autre ſiécle. Eſt-il poſſible qu'un homme de mérite comme M. l'Abbé Laugier s'appeſantiſſe, pendant tout un Chapitre, pour démontrer l'impoſſibilité d'employer les périſtyles & les Ordres en France? Si ſa propoſition eſt vraie, il faut de bonne foi renoncer à notre prétention de rivale de l'Italie, & convenir que nous ſommes bien malheureux, puiſque notre climat & nos mœurs s'oppoſent à l'introduction du plus magnifique ornement de l'Architecture.

Ce n'eſt pas qu'il faille employer indiſtinctement des colonnes à toutes ſortes de bâtimens. Les Romains, qui ſeront encore long-tems nos Maîtres dans tous les Arts, en ſont très-ſobres dans la décoration de leurs Palais, & à peine en citeroit-on un ſeul dans tout Rome où un Ordre d'Architecture faſſe la principale partie de l'Ordonnance. On ne doit pourtant pas regarder cette retenue de leur part comme un manque de courage : car autant ils épargnent les colonnes dans la décoration de leurs Palais, autant ils les prodiguent audevant de leurs Temples, & de tous les endroits publics qui peuvent en être ſuſceptibles ; mais plus habiles que nous, ils ont obſervé que la colonne eſt toujours déplacée quand elle ne domine pas par le coloſſal de ſa proportion (1). Or dans un Pa-

---

(1) C'eſt bien à tort que M. l'Abbé Laugier ne veut point qu'on diſe une colonne coloſſale. (page 30.) Cette expreſſion peint très-bien l'idée que les Artiſtes y attachent, qui eſt que par-tout où un Ordre d'Architecture forme la principale décoration d'un édifice, il ne faut pas qu'aucune partie de détail puiſſe être comparée aux colonnes de cet Ordre. C'eſt-là une des principales raiſons pour leſquelles on préfère un grand Ordre à deux Ordres, qui deviennent néceſſairement plus petits, tandis que les portes &

lais où il faut une grande porte pour les voitures, & des croisées d'une largeur relative au bâtiment, ces ouvertures donnent des objets de comparaison qui écrasent les colonnes, & les font paroître frêles. Aussi le Chevalier Bernin, qui n'a pas craint de jetter 400 colonnes au-devant de la Place de Saint Pierre de Rome, n'en avoit-il point fait usage dans son projet pour la façade du Louvre. Peut-être est-ce aussi par

---

croisées restent de la même grandeur, & prennent de l'avantage sur les colonnes. On sent bien qu'il ne s'agit pas ici des petites colonnes dont on décore communément à Rome les croisées des Palais, & qui n'ont d'autre prétention que celle d'enrichir le trop grand nud des trumeaux. Ces petites colonnes ne sont alors qu'accessoires au bâtiment, & n'en forment pas l'Ordonnance principale.

Mais rien n'est si comique que la prétendue découverte de M. l'Abbé Laugier au sujet de son massif d'Architecture, sans base & sans chapiteau, qu'il nous donne sérieusement pour un expédient sûr, dans tous les embarras où l'on peut se trouver en employant des Ordres.

cette raiſon que Perrault a évité de percer des croiſées dans cette façade, & qu'il a mieux aimé pécher contre la convenance, que de ſacrifier la majeſté & le coloſſal de ſon Ordre.

Dans le quatriéme Chapitre, M. l'Abbé Laugier obſerve, (page 114.) l'inconvénient des entablemens dans l'intérieur des Egliſes, & loue avec raiſon la belle penſée de la Chapelle de l'Egliſe de Sainte Marguerite, où M. Louis a hazardé l'idée du faux entablement de M. l'Abbé Laugier. Je crois que ce faux entablement peut être pratiqué dans bien des cas avec ſuccès; mais on lui a déja démontré que l'exécution en eſt impoſſible lorſqu'on emploie pluſieurs Ordres, à cauſe des porte-à-faux qui ſont inévitables (1).

Le projet que nous donne cet Auteur d'une Egliſe où toutes les colonnes ſeroient de gros troncs de pal-

(1) Voyez Examen d'un Eſſai ſur l'Architecture, page 118, &c. chez Lambert. 1753.

miers dont les branches formeroient la voûte, peut être excellent, (page 117.) mais nous le prierions de rendre ce projet dans un dessein ou une gravûre, & non dans une description, où l'on est dispensé des détails qui précisément décident du mérite d'un projet d'Architecture. Il me semble reconnoître dans ces descripteurs d'édifices, les donneurs d'idées dont il est parlé à la page 51 du petit Livre ci-dessus cité, intitulé : *Recueil de quelques Pieces concernant les Arts, extraites de plusieurs Mercures de France.* Nous ne sçaurions trop exhorter les Artistes à lire ce petit Ouvrage, qui est un chef-d'œuvre de critique & de fine plaisanterie.

Ce que dit l'Auteur au sujet de la difficulté de décorer nos Eglises, à cause de notre attachement pour les anciens usages, n'est que trop vrai; (Chapitre 5, page 119.) les reproches injustes faits à M. Soufflot, dans la Brochure que nous avons citée plus haut, en sont une preuve convaincante. L'Auteur de cet Ecrit n'a pas imaginé qu'en accuſant M. Soufflot d'avoir oublié l'emplacement de la Tour (1) & des ſtalles dans la nouvelle Egliſe de Sainte Genevieve, il rappelloit à tous ceux qui ont vu Rome, qu'à Saint Pierre, l'un & l'autre manquent, que néanmoins les cloches ſe trouvent placées, & que l'Office Divin ſe fait journellement dans cette Egliſe par les Chanoines, & très-ſouvent par le premier Clergé de l'Univers, par le Sacré Collége, le Souverain Pontife à ſa tête. Il eſt donc très-poſſible de ſe paſſer d'un clocher & de ſtalles, & l'on peut ſans leur ſecours faire une magnifique Egliſe. En ſuppoſant donc qu'en effet M. Soufflot ait eu intention de ſup-

(1) La grande preuve que M. Soufflot a oublié l'emplacement du clocher, c'eſt qu'il en fait actuellement conſtruire deux. Sans doute que M. Contant, qui a auſſi marqué deux clochers au Plan de la nouvelle Egliſe de la Magdelene, doit être accuſé de n'en pas vouloir conſtruire du tout. La conſéquence me ſemble naturelle.

primer ces deux accessoires peu nécessaires de son Eglise, il falloit le remercier du courage qu'il avoit de nous frayer cette nouvelle route dans la décoration des Eglises, au lieu d'imiter le vulgaire ignorant qui blâme inconsidérément les tentatives des hommes de génie.

Je ne suivrai pas M. l'Abbé Laugier dans les détails de sa troisiéme Partie, au sujet de la décoration des Eglises Gothiques; j'observerai seulement qu'il est malheureux pour la Nation Françoise, qu'il existe encore assez de ces monumens barbares, (1) pour qu'un Auteur se croye obligé de prescrire des regles pour les décorations qu'on est quelquefois obligé d'y adapter. Quoi qu'il en soit, je suis bien éloigné de penser avec M. l'Abbé Laugier, qu'il faille faire un Portail Gothique, à une Eglise de ce genre.

(1) J'oubliois que c'est le Portail de Reims que M. Soufflot devoit étudier pour composer celui de Sainte Genevieve.

genre. C'eſt vouloir perpétuer l'ignorance & le mauvais goût. Un Architecte de nos jours peut ſe flatter raiſonnablement qu'une Egliſe de 7 à 800 ans, ne durera pas autant qu'un Portail nouvellement conſtruit, & que lorſque l'Egliſe tombera, on la réparera dans un genre analogue au Portail.

L'éloge que fait M. l'Abbé Laugier dans le ſecond Chapitre de la quatriéme Partie, (page 180.) de la nouvelle Egliſe de Sainte-Genevieve, eſt aſſurément très-juſte, & même au-deſſous de celui qu'en fera la poſtérité. Je ne doute pas cependant qu'il n'ait excité la mauvaiſe humeur de l'Auteur de la Brochure dont nous avons déja parlé; mais il y a bien de l'injuſtice dans la critique que fait M. l'Abbé Laugier de la nouvelle Egliſe de la Magdelene. Les Artiſtes n'en admireront pas moins le trait de génie de la partie de cette Egliſe où ſera placé le Maître Autel, qui certainement ne paroîtra point *ſe rabaiſſer & fondre de toutes parts pour écraser le milieu.* (page 185.) Cette critique sanglante, prématurée & peu équitable, n'empêchera point que cette Eglise ne soit un des plus beaux monumens de la renaissance de l'Architecture ; & si M. Contant n'a pas la gloire d'avoir le premier hazardé le systême des colonnes isolées dans un Plan d'Eglise, au moins aura-t-il celle de n'avoir pas craint le reproche d'imitateur, & d'avoir appris aux Artistes qu'on peut s'immortaliser en imitant les beautés, comme en les découvrant.

A l'égard des différens Plans d'Eglises que propose M. l'Abbé Laugier, il n'en est aucun qui n'ait été composé, soit par des Maîtres, soit par des Eleves ; mais il est rare qu'on ait la liberté de mettre en œuvre ces formes extraordinaires, quoiqu'elles pussent produire un grand effet, & beaucoup de variété. Ce n'est point aux Artistes qu'il faut s'en prendre ; c'est aux Ordonnateurs, qui trop souvent forcent les Artistes à suivre leurs volontés.

Il en est de même de tout ce qui suit sur les Palais & autres Edifices publics, & de ce que l'Auteur en a dit au Chapitre premier de cette quatriéme Partie. Il y a long-temps que des Artistes & des Gens de goût ont senti le besoin qu'auroit Paris de divers changemens à cet égard ; mais non seulement il ne dépend pas de ces personnes de les faire ; la difficulté de pourvoir à des dépenses considérables qu'entraîneroient ces changemens, arrête même les différens Ordonnateurs. Il faudroit des moyens de Finance, & cela n'est pas si facile que de proposer des démolitions & donner des projets.

Les détails où entre l'Auteur dans le troisiéme Chapitre sur la distribution des bâtimens, est petit, & ne contient rien qu'on ne trouve dans tous les Auteurs qui ont écrit sur l'Architecture. Un peu de bon-sens, & l'inspection de beaucoup de Plans de distribution, en apprendront mille fois plus en huit jours.

On ne peut en revanche qu'applaudir à tout ce que dit M. l'Abbé Laugier dans la cinquiéme Partie, *ſur les monumens à la gloire des grands Hommes.* Ajoûtons à ſes réflexions, que malheureuſement la maniere dont on étudie l'Architecture en France, fait que les Architectes ſont moins propres à préſider à ces monumens que les Sculpteurs. C'eſt l'étude du deſſein de figure dont M. l'Abbé Laugier ne dit pas un mot, qu'on ne ſçauroit aſſez recommander aux Eleves. C'eſt-là le ſeul moyen d'étendre les bornes de cet art. C'eſt cette étude qui fera paſſer à la poſtérité la plus reculée les noms de Michel-Ange, de Bernin, & de tant d'autres Architectes Italiens, malgré les défauts de correction qu'on remarque dans leurs ouvrages. J'oſe avancer qu'il eſt impoſſible d'être vraiment un grand Architecte, ſi l'on ne poſſede ce deſſein. Lui ſeul peut échauffer l'imagination de l'Artiſte ſuffiſamment pour produire des idées nouvelles & merveilleuſes, malgré le peu de champ que ſemble laiſſer le cercle étroit dans lequel toutes les idées doivent être renfermées. Un Architecte qui ne deſſine point la figure, pourra bien compoſer de l'Architecture réguliere & pure ; mais elle ſera toujours froide, & ſouvent il placera mal ſes ornemens. Comme il ſera obligé d'avoir recours à la main d'un autre pour les deſſiner, & même pour les compoſer, ſon projet n'aura plus cette unité qui fait le grand mérite de toutes les productions de l'eſprit. C'eſt l'étude du deſſein de figure qui apprend à connoître & à employer de belles formes dans tant d'occaſions où la ligne droite ne produiroit qu'un mauvais effet. C'eſt elle qui apprend à juger des proportions avec l'œil, & non avec le compas, méthode très-fautive pour les choſes qui doivent être exécutées. En un mot, le deſſein de figure eſt le germe du ſublime en Architecture.

M. l'Abbé Laugier, après avoir fait juſqu'à préſent tous ſes efforts pour rétrecir le cercle des idées en

Architecture, entreprend enfin dans la sixiéme Partie, d'en reculer les bornes à l'infini. Il fait la plus grande dépense d'éloquence pour prouver *qu'avec le flambeau du génie, l'on peut pénétrer où les Grecs n'ont point pénétré, & en rapporter des merveilles inconnues.* (pages 251, 252, 253.)

Celle qu'il nous présente est un nouvel Ordre d'Architecture, qu'il appelle *Ordre François.* Il trouve ce problême si facile à résoudre qu'il convient y être parvenu même sans génie, & il lui paroît d'autant plus raisonnable d'aspirer à la gloire de cette découverte, que nous avons une Musique nationale & de notre invention. Si M. l'Abbé Laugier n'a que ce véhicule à nous présenter, je ne crois pas qu'il agisse bien efficacement. On pourroit lui objecter d'abord avec le célebre Philosophe Genevois, que si nous avons une Musique nationale, c'est tant pis pour nous; mais enfin il faut être vrai, & convenir que cette Musique ne nous appartient pas, & n'est pas de notre invention comme tout le monde le sçait. Le fameux Lully, qui en est le pere en France, étoit Florentin, & ne fit que nous enrichir des beautés de son pays. Les Italiens ont depuis fait rapporter mille pour un à leur fonds, & nous nous sommes contentés du premier produit, sous le faux prétexte que ce fonds nous appartient. Mais il n'est pas trop honnête de battre sa Nourrice quand on est grand, sur-tout lorsqu'on vit encore de son lait. Rien n'est à nous dans cette Musique, pas même la mauvaise terminaison des E muets, occasionnée par le peu de connoissance qu'avoit Lully de la Langue Françoise (1). Mais sans entrer ici en lice sur un objet qui nous est étranger en ce moment, jettons un coup d'œil sur l'Ordre que nous donne M. l'Abbé Laugier, & nous conviendrons qu'il faut lui appliquer ce qu'il dit

(1) Voyez M. d'Alembert *de la liberté de la Musique*, *Tome 4. Art. 18. pag. 418.*

lui-même de l'Ordre Romain. *Il n'y a rien en tout cela qui puisse constituer un Ordre nouveau. Tout se borne à des déplacemens & à des remplacemens qui n'ont rien d'assez marqué pour produire un effet imprévu, & pour donner un caractere spécial à l'Ordonnance.* (page 272.)

Mais comme ce n'est point sur une description qu'on doit juger de l'effet d'un bâtiment ou d'un Ordre d'Architecture, nous allons mettre sous les yeux des Artistes l'Ordre même, autant qu'il nous a été possible de le faire sur la description très-informe qu'en donne M. l'Abbé Laugier. Ce sera la meilleure critique qu'on puisse en faire. Elle prouvera que ce n'est point par-là *que les François sont en bien des Arts le seul peuple qu'on puisse citer, & qu'en Architecture la France va de pair avec la Grece.* (page 274.)

Ce n'est pas qu'on puisse prouver l'impossibilité absolue de trouver un sixiéme Ordre d'Architecture; mais on peut du moins assurer que ce problême sera résolu plus facilement par nos Sculpteurs que par nos Architectes, tant que l'étude du dessein de figure ne sera pas la premiere de leurs études ; & supposant enfin qu'on parvienne à une découverte que notre extrême amour pour nous-mêmes nous fera peut-être adopter, quoique peu merveilleuse, cela ne suffira point pour que cet Ordre soit nommé du nom de la Nation. Il faut que les autres peuples l'adoptent également. Ce sont les Nations étrangeres, qui en adoptant les Ordres Grecs, leur ont donné les noms qu'ils portent, & non les inventeurs de ces Ordres. En fait d'Art, le goût d'un peuple seul, ne peut jamais faire loi. Je suis encore forcé de citer ici l'homme du monde qui a le mieux vu tout ce qui est relatif aux Arts (1).

(1) Un peuple qui auroit des Tragédies, des Tableaux, une Musique, uniquement de son goût, & reprouvés de tous les autres peuples policés, ne pourroit jamais se flatter jus-

M. l'Abbé Laugier blâme nos Architectes *de ſe borner à des décorations d'appartemens, qui ne leur peuvent acquérir qu'une gloire médiocre, au lieu de s'appliquer à l'invention* (qu'il leur conſeille,) *qui leur aſſureroit une gloire immortelle.* (page 281.)

Il a ſans doute oublié qu'il a écrit plus haut un Chapitre entier pour dégoûter la Nation de l'emploi des Ordres dans les bâtimens. Pourquoi en veut-il un ſixiéme, s'il y en a déja trop de cinq? On n'a pas tous les jours des Egliſes à bâtir; il feroit d'ailleurs dommage que les Artiſtes ſuiviſſent le conſeil de M. l'Abbé Laugier, en négligeant les décorations intérieures; car on peut aſſurer que c'eſt vraiment dans cette partie que la Nation n'a point de rivale. Il s'eſt élevé, ſur-tout dans ces derniers temps, des Edifices peu re-

---

tement d'avoir le bon goût en partage. (*Additions à l'Hiſtoire générale de M. de Voltaire, pag.* 184.)

marquables par l'extérieur, mais dont l'intérieur renferme des objets d'imitation dignes de toutes les Nations.

Les obſervations renfermées dans la ſeptiéme Partie, relativement à la matiere des couvertures, ſont très-juſtes, & l'on peut reprocher en général à nos Architectes de trop négliger les recherches en ce genre, & de trop ſuivre l'uſage & les préjugés des Entrepreneurs; mais ce reproche ne doit pas tomber ſur tous. M. Contant eſt un de ceux qui ont fait le plus d'expériences ſur la bâtiſſe. M. Soufflot & d'autres en ont fait auſſi un grand nombre, & le Corps de l'Académie paroît s'en occuper ſérieuſement.

Dans ce Chapitre, ainſi que dans les autres, M. l'Abbé Laugier nous donne encore des loix ſur les coupoles, ſur les lanternes qui les terminent, ſur les gradins de la coupole de la rotonde, & en revient toujours à ſes chers combles élevés. L'exemple qu'il cite, (page 309,) n'eſt pas plus heureux que celui de la Musique nationale, & toutes ces loix sont encore bien éloignées d'être adoptées par les Artistes. Ce n'est point par de vaines déclamations qu'on les subjugue. Il leur faut moins de promesses & plus de réalité. Si à tant de bonnes qualités qui ornent la Nation Françoise, & qui la font chérir de ceux qui la connoissent, elle pouvoit joindre le titre d'inventrice des Arts, j'en partagerois la gloire avec tout bon Patriote ; mais puisqu'elle n'a pas cet avantage, pourquoi avoir l'injustice de le ravir à celles qui vraiment en ont la possession ? Quelque chose que nous puissions écrire pour en imposer à nos Compatriotes, nous n'aveuglerons jamais les Nations étrangeres, & nous ne ferons que nous les aliéner davantage, en nous parant injustement de ce qui leur appartient. Les Architectes de tout le monde policé, soutiendront toujours que c'est en Grece & en Italie où il faut aller chercher les vrais modeles de l'Art. Plus nous nous rapprocherons du ſtyle de ces deux Nations, & plus nous nous diſtinguerons dans cette carriere. C'eſt en imitant les Grecs, que les Romains ſe ſont rendus dignes d'être les maîtres des autres Nations. Plus nous imiterons les Romains, plus nous nous rapprocherons des Grecs, & plus nous mériterons le titre d'Architectes. Qu'importe qu'on y ajoûte l'épithete de François ? On a déja obſervé plus haut, que toute idée de patriotiſme dans ce cas, ne peut qu'être mal-entendue, & arrêter les progrès de l'Art. L'Allemagne, qui a produit des Compoſiteurs de Muſique qui peuvent aller de pair avec les meilleurs Maîtres Italiens (1), n'a jamais imaginé de qualifier la Muſique de ces Maîtres de Muſique Allemande. Les Italiens & les Allemands ſe ſont réunis pour la nommer Muſique excellente, & c'eſt le ſeul titre que doi-

(1) Haſſe, Vagenſeil, Holtzbauer, Gluck, Stamitz, &c.

vent ambitionner pour leurs ouvrages les vrais Artiſtes.

Il faut même oſer être plus vrai, & convenir que bien loin d'être les maîtres de perſonne dans aucun Art, nous tenons encore à la barbarie par beaucoup trop de liens. Tant d'obſtacles s'oppoſent en France au progrès des Arts, qu'il eſt même étonnant qu'ils ſoient parvenus au point où ils ſont. De ces obſtacles le goût de la table n'eſt pas le moindre. Ce goût, ajoûté à toutes les autres branches de luxe, épuiſe toutes les fortunes, & fait que perſonne n'y eſt riche. La ſobriété Italienne ſi fortement ridiculiſée parmi nous, laiſſe aux Seigneurs de cette Nation la facilité d'accumuler une partie de leur revenu, & le goût des Arts leur fait, ſans peine, prodiguer en embelliſſemens publics des ſommes amaſſées avec peut-être trop d'économie. Le dernier des Princes Pamphile pouſſoit cette économie à un excès aſſurément peu louable: mais il n'a rien épargné pour bâtir dans le cours de Rome, en face de l'Académie de France, un Palais ſomptueux. Il eſt vrai que c'eſt le chef-d'œuvre du mauvais goût : mais il ſeroit injuſte de reprocher à ce Prince le malheur qu'il a eu d'avoir pour Architecte un homme d'un goût biſarre & extravagant. Voyez dans le Voyage d'Italie par M. Groſlée, ce que de ſimples Particuliers ont fait à Milan & à Boulogne, & l'on conviendra ſans peine que de pareilles idées n'entrerent jamais dans la tête d'aucun de nos Compatriotes (1).

---

(1) Ce voyage publié en 1764, ſous le titre de Mémoires ou Obſervations ſur l'Italie, & ſur les Italiens par deux Gentilshommes Suédois, eſt un des voyages les mieux faits de tous ceux que j'ai vus. Rien n'eſt mieux écrit ni vû plus Philoſophiquement & plus dépouillé des préjugés nationaux. Il eſt cependant échappé quelques erreurs à M. Groslée dans cet ouvrage intéreſſant, ſur leſquelles je prends la liberté de faire ici quelques obſervations qui peuvent ſervir d'Errata en attendant qu'il les corrige lui-même dans une ſeconde édition.

Au peu de facultés qu'ont en France la plûpart des personnes faites

---

Tome premier, pag. 14. *Je vis avec surprise qu'elle* (Genève) *a garnison Suisse.*

Genève n'a point garnison Suisse. Elle a une garnison composée de soldats dont la plûpart sont à la vérité de Nation Suisse; mais ces Soldats sont soudoyés par la République, & aux ordres du Syndic de la garde. Ce qu'il y a de singulier, c'est que ces Soldats ne sont engagés que pour un mois, au bout duquel ils peuvent s'en aller, ou renouveller leur engagement. Il sont obligés de se fournir eux-mêmes d'habillement. Mais cette garnison n'empêche pas que tous les Citoyens & Bourgeois ne soient enrégimentés, & obligés de passer en revûe une fois par an, & de faire le service lorsque la République est attaquée ou en danger de l'être.

Le Temple de Saint-Pierre, &c.... il a un Portail nouvellement élevé sur les desseins d'un Genevois qui a sçu y allier la majesté, la grandeur, & la simplicité; c'est un Portique d'Ordre Dorique, soutenu par des colonnes d'une très-grande proportion. La scrupuleuse révérence du Consistoire pour le premier Commandement du Décalogue, n'a pas permis à l'Architecte le moindre ornement historié pour le timpan du fronton qui couronne ce Portique. Ibid.

par

par état pour bâtir, se joint la difficulté pour les Artistes de se procurer

---

Il est singulier qu'un homme aussi instruit que M. Groslée se soit trompé sur l'Ordre de ce magnifique morceau. Il est Corinthien & non Dorique. Les colonnes qui ont trois pieds dix pouces de diametre sont au nombre de six de face, en marbre assez beau quoiqu'un peu brut, qui se trouve à l'extrémité du Lac opposée à Genève. Il y a dans le Fronton un cartel orné d'une guirlande, mais le champ en est vuide & sans armes. Ce Portail a été construit sur les desseins de M. le Comte Alfieri, premier Architecte du Roi de Sardaigne, & non sur ceux d'un Genevois. M. Tronchin, Conseiller d'Etat, qui s'est chargé de la conduite de ce beau morceau, a bien voulu me permettre de prendre une copie des Plan, coupe & élévation. Le Portail de Sainte-Genevieve sera le seul dans Paris qui pourra être comparé à celui de Saint-Pierre de Genève : encore ce dernier aura-t-il sur celui de Paris, l'avantage des matériaux. C'est dommage que la sculpture des chapitaux soit très-mal exécutée. Les feuilles ne sont que grossiérement galbées.

Ces excommunications n'ont lieu que dans les petites Villes. Dans les grandes, à Rome, la vûe des beautés en divers genres que possede un petit nombre de

---

par exemple, comme on peut satisfaire chez les Moines à tous les devoirs de la Paroisse, le Curé n'a droit sur les Paroissiens, & les Paroissiens n'ont besoin que pour le Baptême & les derniers Sacremens, du ministere du Curé. Pag. 202. Tome second.

Je ne sçais sur quel fondement M. Groslée avance ce fait. Il est certain que pendant les trois années que j'ai séjourné à Rome, dont la derniere étoit en 1751, sept ans avant le voyage de M. Groslée, les Curés avoient grand soin de faire leurs tournées dans leur Paroisse, pour inscrire dans la quinzaine de Pâques tous les Communians, & ce n'étoit que dans l'Eglise Paroissiale qu'on pouvoit satisfaire au devoir Pascal. Ceux qui ne remplissoient pas ce devoir, étoient admonestés jusqu'à la Saint Barthelemi; & ce jour-là on affichoit à la porte de l'Eglise de San-Bartholomeo *dell' isola* les noms de tous les excommuniés. Tous ceux qui étoient à Rome dans l'année 1750, peuvent se souvenir d'avoir vu au nombre de ces excommuniés un Gentilhomme d'une des premieres maisons d'Avignon, pour lors Officier des Gardes du Pape. Je doute que cêt usage ait changé depuis.

Seigneurs ou de Particuliers amateurs des Arts. Qu'on ne m'objecte point

---

Lors de la derniere conquête du Royaume de Naples, &c pag. 292.

Je ne sçais pourquoi M. Groſlée parle de la conquête de Naples à l'occaſion de cette guerre qui fut terminée en 1748 par le Traité d'Aix la-Chapelle, & où Naples ne fut conquis par perſonne.

Le Sénateur, Juge ſéculier & toujours étranger, étoit un Gentilhomme Allemand, qui par ſa converſion à la Religion Catholique, avoit mérité cette place, qui eſt à vie, & qui lui donne le rang de Prince, avec ſon logement au Capitole. Il juge ſouverainement & ſans appel les petites cauſes & rixes populaires, pag. 311.

Ce Sénateur n'étoit point Allemand, mais Suédois, & iſſu des anciens Rois de Suéde. Il ſe nommoit le Comte de Bielcke. Son Pere avoit été Ambaſſadeur de Suéde en France. Il n'eſt pas néceſſaire que cette place ſoit remplie par un étranger; mais elle eſt rarement donnée à un Romain, parce que dans les temps de Conclave, l'on craint encore le ſimulacre de l'ancienne République, qu'un homme dans cette place, qui tiendroit à une famille puiſſante, feroit tenté de faire revivre. Le Comte de Bielcke eſt mort depuis peu, & la place la facilité avec laquelle quelques amateurs de Tableaux ouvrent leurs

---

de Sénateur a été donnée au Prince Rezzonico, neveu du Pape régnant; ce qui prouve qu'il n'est pas nécessaire d'être étranger pour la posséder. Le Sénateur juge un grande quantité de causes civiles, & même des causes criminelles, lorsque ses *Sbirres* ont arrêté l'Accusé.

Les exécutions sont aussi rares que les crimes sont fréquens, les plus grands Criminels échappant d'ailleurs à la faveur des asyles, qui n'ont rien perdu de leurs anciens droits, pag. 316.

Pendant trois ans que j'ai demeuré à Rome, il s'est fait environ 9 à 10 exécutions à mort, presque toutes pour assassinats commis par vengeance. A l'égard des asyles, Benoît XIV. les avoit abolis avant mon arrivée, pour tous les crimes capitaux, & ils n'ont lieu que pour les débiteurs. Tout Rome se rappelle l'exécution de ce Sicilien, qui vers le mois d'Août ou Septembre 1749, ayant tué d'un coup de fusil, un Chanoine de *Sant'-Andrea della valle*, contre qui il avoit perdu un procès au Tribunal du Sénateur de Rome, se réfugia dans l'Eglise des Picpus de la porte du peuple. Comme cette Eglise appartient à la Nation Françoise, on fut obligé de demander à M.

cabinets aux curieux. Les procédés honnêtes de MM. de la Live, de

---

le Duc de Nivernois, Ambassadeur de France, la permission d'arrêter ce criminel dans cette Eglise; ce qui fut accordé, & il fut pendu huit jours après.

Le 18 Septembre je partageai avec tout Rome le spectacle que donna l'Académie pour la dix-neuviéme distribution des prix fondés par Clément XI, &c. Les Romains applaudissoient avec le plus grand fracas, à l'appel des Romains & des Italiens; mais un jeune François ayant été appellé pour le premier prix de la premiere classe de sculpture, un morne silence, & ensuite un murmure sourd, prirent la place des applaudissemens, pag. 462. 463. & 464.

Rien ne prouve mieux l'estime que font les Romains des Arts & des Artistes que ces concours ouverts à toutes les nations de l'Europe. Il ne faut que du talent pour y être admis. J'ai eu l'honneur d'y remporter un premier prix d'Architecture en 1750, quatre autres François, deux Allemands, deux Espagnols & un Anglois, furent couronnés en même temps dans la peinture & la sculpture; au nombre des premiers fut le sieur Perrache, Sculpteur à Lyon, lequel fut désigné le premier des premiers prix, quoique l'égalité

Gagny, de Julienne, & de quelques autres, font une exception à la re-

du mérite eût fait établir trois premiers prix pour ce talent. Je puis assurer que je ne me suis point apperçu, ni aucun des Etrangers qui étoient venus en grand nombre à la distribution de ces prix, qu'on applaudît plus aux Italiens qu'aux Etrangers, & long-temps après, cette époque flatteuse de ma vie m'a valu des témoignages de bienveillance à Paris de MM. les Princes Corsini, neveux du feu Pape Clément XII.

Vers l'année 1755, un jeune Eleve d'un Peintre Napolitain étant en vacances à Capaccio sa patrie, la chasse où la promenade le conduisirent sur des collines qui environnoient l'ancienne Pæstum., Tome 3. pag. 87.

J'ai quitté l'Italie en 1751, & j'ai rapporté avec moi en France tous les plans des antiquités de Pœstum que M. Soufflot avoit levés. Il y a donc erreur de date dans cet article.

Le Théâtre (de Saint-Charles) est immense. Il y a six rangs de loges, dont chacune est une Chambre meublée de tables, glaces, tapisseries, canapés, lustres, &c.

Je n'ai rien vû de tout cela dans ces loges, ni dans aucun des Théâtres de Rome. On gle, & il sera toujours vrai de dire qu'en général rien n'est plus difficile

---

m'a assuré que cela étoit ainsi à Milan.

Je ne sçais pourquoi M. de Groslée s'obstine à nommer toujours les maisons de plaisance des environs de Rome, *des Vignes*, au lieu de les nommer *Villes*, ainsi qu'il est d'usage. Il n'a sûrement jamais entendu dire à Rome *Vigna Pamfili*, *Vigna Borghese*, *&c.* mais bien *Villa Pamfili*, *Villa Borghese*, *&c.*

Il y auroit encore quelques négligences à reprocher à l'Auteur : mais cela n'empêche pas que ce ne soit un des plus excellens Voyages d'Italie qu'on ait jamais publiés. Personne n'est entré dans un si grand détail sur l'état du Commerce, des Arts, de la Littérature & des mœurs des différentes contrées qu'il a vues. Personne n'en a rendu un compte plus exact, plus philosophique & plus dépouillé de préjugés ; & il seroit difficile de reconnoître le pays de l'Auteur, s'il n'eût point parlé de la Musique. S'il a parlé quelquefois des abus & des ridicules, il n'a échappé aucune occasion de relever les talens & le mérite, & il nous fait voir combien cette illustre Nation en fait de cas, & combien elle cultive encore les Arts & les Lettres, malgré la décadence où les uns & les autres paroissent être tombés.

à Paris que de ſe procurer la vûe d'une belle maiſon, d'un beau jardin, ou d'un beau cabinet. Si quelque perſonne riche ou titrée trouve les portes ouvertes, un Artiſte pauvre, mal vêtu, mais digne appréciateur des beautés qu'il vient admirer, ſera chaſſé ignominieuſement par un Suiſſe inſolent que ſon maître approuvera (1). J'en pourrois citer plus d'un exemple; j'en pourrois citer un grand nombre qui me ſont arrivés à moi-même : mais on m'accuſeroit peut-être de faire un Libelle, & je n'en ai nulle envie; je voudrois ſeulement que tous les gens de goût ſe liguaſſent pour faire parvenir leurs plaintes aux oreilles de ceux qui peuvent remédier à ce honteux oubli des procédés (2).

---

(1) Les Artiſtes ne peuvent s'empêcher de regretter la facilité dont on jouit à Rome de voir à ſon aiſe toutes les beautes d'un Palais pour un *teſton* qui vaut trente ſols monnoye de France, quelque nombreuſe que ſoit la compagnie.

(2) Je ne connois dans Paris qu'un ſeul mo-

Je m'attends aux clameurs qui vont s'élever de toutes parts contre moi, pour oser me plaindre du manque de politesse en France; mais j'en appelle à ceux qui ont parcourus les pays étrangers sans préjugés. Nous prenons trop souvent le change sur nos révérences que nous imaginons être des politesses; cependant les Cours étrangeres retentissent de plaintes contre nous, & l'on ne ren-

---

nument, où le public, que la curiosité y attire, est accueilli avec la plus grande attention : c'est la Chapelle sépulcrale de Sainte-Marguerite au Fauxbourg Saint-Antoine. Les prévenances du Suisse qui ouvre la grille qui ferme l'entrée de cette Chapelle sitôt qu'il apperçoit un curieux, font honneur à M. le Curé de cette Paroisse, & je saisis avec empressement cette occasion de lui faire publiquement les remerciemens de tous les Amateurs des Arts. Tant d'honnêteté de la part d'un subalterne, prouve l'attention la plus marquée dans son supérieur, & je ne puis m'empêcher d'ajoûter ici que jamais ce Suisse n'a fait aucun mouvement qui pût le faire soupçonner d'être conduit par l'intérêt.

contre en Allemagne, en Italie & en Eſpagne que des perſonnes qui ont eſſuyé des refus en France. J'avoue qu'il y a bien des abus blâmables dans tous ces pays : mais par cette raiſon-là même nous devrions redoubler de politeſſe. Il ſemble que nous ne voyagions que pour rapporter chez nous les défauts de nos voiſins.

Ce n'eſt pas que je veuille qu'un Seigneur, qu'un homme en place, devienne l'eſclave de ſa maiſon, & ne la quitte plus pour la montrer à tout venant, ni qu'il ne puiſſe plus y reſter en liberté ſans être interrompu à toute heure par des curieux ; mais il n'y a point d'homme de l'eſpece dont je parle, qui n'ait des domeſtiques pour accompagner ceux qui lui font l'honneur de viſiter ſes curioſités, & qui ne puiſſe indiquer par jour ou par ſemaine, une ou pluſieurs heures auxquelles on pourra les voir. Cette indication poliment faite par ſon Suiſſe, enchantera tous ceux qui ſe préſenteront à ſa porte à une heure indue, & l'on s'en retournera refuſé, mais content.

C'est par une suite de notre barbarie que le public ignore une partie des bienfaits que M. le Marquis de Marigny a répandus sur les Arts, & sur-tout sur l'Architecture, qui, à tous égards, avoit besoin qu'il les étendît jusqu'à elle. Il a le premier eu le courage d'introduire dans sa maison des meubles de bon goût, & de les décorer d'ornemens sages. Depuis ce temps la feuille d'acanthe a été substituée dans un grand nombre de maisons à celle de chicorée tant à la mode ci-devant. L'Académie d'Architecture a pris une nouvelle face sous ses mains. Un Professeur intelligent & zélé (1) a été établi avec un Adjoint (2), dont les talens dans plus d'un genre sont connus, qui est en outre revêtu de la qualité d'Historiographe de l'Académie. Des Architectes habiles dans les Pays étrangers &

(1) M. Blondel.

(2) M. le Roy, connu par son Livre sur les antiquités de la Gréce.

dans les Provinces (1), ont été associés à cette Académie à titre de correspondans; d'où il ne peut résulter qu'un concert avantageux pour les progrès de l'Art. Enfin des prix d'émulation ont été établis, & se distribuent plusieurs fois l'année, l'un pour celui des Eleves qui compose le mieux une élévation adaptable à un monument connu; l'autre pour la composition d'un Plan pour l'embellissement d'un Quartier désigné de la Capitale; & le troisiéme, pour celui des Eleves qui écrit le mieux sur un sujet indiqué par un programme. Les leçons de cette Académie

---

(1) M. de la Guépierre, Directeur des Bâtimens du Duc régnant de Wirtemberg. M. Jardin, Architecte du Roi de Dannemarck. M. Chambers à Londres, connu par un ouvrage très-curieux sur l'Architecture Chinoise. M. Petitot, Directeur des Bâtimens de l'Infant Duc de Parme. M. Roux, Architecte à Lyon. M. Charlier, Architecte du Roi d'Espagne. M. de la Mothe, Directeur de l'Académie de Saint-Péterfbourg.

ſont devenues intéreſſantes & publiques ; tout Amateur y eſt placé & diſtingué par le Profeſſeur, avec cette politeſſe que je reclame ſi vivement. Tout cela s'eſt fait au moment où nous ſortions d'une guerre ruineuſe. Que ne doit-on pas eſpérer dans des temps plus heureux, & lorſque la paix aura rendu à nos finances épuiſées la vigueur néceſſaire pour protéger efficacement les Arts ? Mais ce qui peut-être étonnera le plus, c'eſt d'apprendre que tout cela eſt ignoré. Heureuſement la poſtérité ne ſera point muette, & du concours de tous ces nouveaux moyens accordés à l'avancement de cet Art, auquel les autres tiennent plus qu'on ne penſe, il naîtra enfin un ouvrage en corps de cette Compagnie, qui, au moyen des excellens Mémoires que lui ont laiſſé les Perrault, les la Hire, les Deſgodets, & tant d'autres, & avec l'expérience & les talens des membres qui la compoſent, peut ſeule fixer les parties de l'Art qui juſqu'à ce moment ont été abandonnées au caprice des Artistes.

Enfin, n'est-ce pas encore par une suite de notre barbarie & de notre peu de goût pour les Arts, que nous portons un jugement si peu équitable de l'état actuel des Italiens, particulierement de celui des Romains? Nos livres ne parlent que de la fainéantise, de la mollesse, de la pauvreté, & de la désolation qui regne parmi cette Nation, & à nous entendre, c'est le peuple le plus malheureux de la terre. Cette opinion est-elle bien fondée? Une Nation chez laquelle le plus bas peuple, loin du tumulte de la guerre, cultive en paix tous les Arts libéraux, chez laquelle la sobriété est habituelle, qui ayant peu de charges, a moins de besoins que nous; est-elle donc vraiment malheureuse? Faut-il nécessairement, pour qu'une Nation soit heureuse, qu'elle s'éleve perpétuellement aux spéculations dangereuses du commerce? Ou faut-il qu'elle se fasse constamment égorger pour des querelles étrangeres à la plûpart de ses membres ? Je ne sçais : mais il me semble qu'une Nation reconnue pour une des plus spirituelles de l'Europe, chez qui le peuple même naît avec le germe de tous les Arts, chez qui il en jouit de toutes les manieres, soit par la publicité des monumens d'Architecture, de Peinture & de Sculpture, soit par le bon marché des spectacles lyriques, & par la multiplicité des sérénades & fonctions d'Eglise, où la modicité des Charges publiques rend la vie plus facile, doit en jouir mieux que toute autre Nation. Aussi est-ce de toutes, celle où le suicide est plus rare. Mon opinion peut paroître fausse & bisarre, mais je ne sçaurois lire sans une indignation mêlée de pitié, ce qu'a écrit de cette Nation un homme qui a une réputation établie dans la République des Lettres, & qui passe pour très-Philosophe. Ce que je vais en transcrire prouve qu'il ne suffit pas d'avoir ce titre pour juger sainement des Arts ; & il faut être bien malheureusement organiſé, pour ne pas ſentir mieux toute la félicité qu'ils répandent ſur les amertumes de cette triſte & courte vie.

La Peinture, la Sculpture, la Muſique, la Poëſie, la Comédie, l'Architecture, prouvent les richeſſes préſentes d'une Nation; elles ne prouvent pas l'augmentation & la durée de ſon bonheur: elles prouvent le nombre des fainéans, leur goût pour la fainéantiſe qui ſuffit à entretenir & à nourrir d'autres eſpeces de fainéans, gens qui ſe piquent d'eſprit agréable, mais non pas d'eſprit utile. Ils veulent exceller ſur leurs pareils, mais ils ſe contentent follement d'exceller dans des bagatelles, dans des choſes peu importantes pour un bonheur un peu durable. Ce n'eſt pas que ces Ouvriers illuſtres ne travaillent; ce n'eſt pas qu'ils ne faſſent des ouvrages difficiles; & où ils emploient beaucoup d'eſprit & d'adreſſe: mais c'eſt dommage de tant dépenſer d'eſprit dans des ouvrages ſi peu utiles pour le bonheur ſolide de la ſociété. C'eſt un défaut de notre gouvernement de ne propoſer

poser pas des occupations plus utiles, au lieu de semblables amusemens passagers, dont il ne reste aucune utilité, ni pour les pauvres familles, ni pour la postérité. Qu'est-ce présentement que la Nation Italienne où ces Arts sont portés à une haute perfection? Ils sont gueux, fainéans, paresseux, vains, poltrons, occupés de niaiseries; tels sont devenus peu-à-peu, par l'affoiblissement du Gouvernement; les misérables successeurs de ces Romains si estimables, de ces Contemporains de Caton, qui étoient dignes de gouverner les autres Nations, & capables, en les assujettissant, de les rendre plus heureuses qu'avant leur assujettissement. (Annales Politiques de l'Abbé de Saint-Pierre, édition de Londres 1758. Tome premier, pages 184. 185. & 186).

Je m'interdis toute réflexion sur cette sortie, qui contient presqu'autant de contradictions que de mots, pour en venir à la conclusion de ces remarques.

L'envie d'être Auteur ne m'a pas mis la plume à la main, encore moins celle de faire une critique. L'amour que j'ai pour un Art qui concourt plus qu'aucun autre à immortaliſer la mémoire des Princes bienfaiſans, eſt le ſeul motif qui m'a conduit. Plein d'eſtime pour les talens littéraires de M. l'Abbé Laugier, j'aurois deſiré qu'il les eût employés a encourager dans les Eleves l'étude ſérieuſe des Monumens antiques, & non à faire des ſyſtêmes qui ne peuvent que retarder les progrès d'un Art qu'on peut aſſurer n'être encore chez nous que dans ſon enfance. Perſonne ne ſeroit plus propre que lui à échauffer leur zele pour cette étude, ſi abandonnant toutes les idées chimériques qu'il s'eſt formées ſur l'origine de cet Art, il vouloit ſe borner à établir des regles d'après l'inſpection de ces précieux Monumens échappés à la fureur des barbares, & au ciſeau du temps. J'aurai atteint le but que je me ſuis propoſé, ſi M. l'Abbé Laugier, persuadé que cette route est la seule qu'il faille suivre, veut bien la semer des roses de son style, & faire oublier par une nouvelle production plus digne de son éloquence, le sujet de ce foible écrit.

FIN.

ERRATA.

PAGE 20, *ligne* 12, monumens, *lisez* momens.

Ibid. *ligne* 17, défigurer aux yeux de la guerre au fron d'airain, *lisez*, de figurer aux yeux la guerre au front d'airain.

Page 33, *ligne* 4, considération, *lisez*, contradiction.

Page 69, *ligne* 26, mombre, *lisez*, nombre.

Page 78, *ligne* 24, s'éleve, *lisez*, se livre.

APPROBATION.

J'Ai lu par ordre de Monseigneur le Vice-Chancelier, un Manuscrit intitulé : *Remarques sur les Observations de M. l'Abbé Laugier, &c.* & je crois que l'on peut en permettre l'Impression. A Paris, ce 27 Mai 1768.

COCHIN.

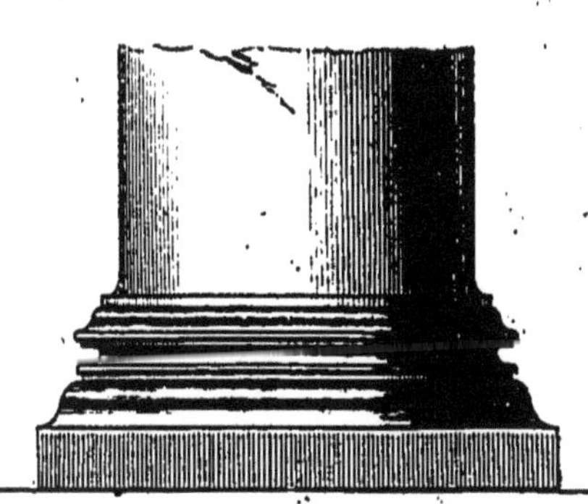

ORDRE FRANÇOIS de la compoſition de M.[r] l'Abbé LAUGIER.

www.ingramcontent.com/pod-product-compliance
Ingram Content Group UK Ltd.
Pitfield, Milton Keynes, MK11 3LW, UK
UKHW021207220726
13924UKWH00003B/1375

9 782019 724849